REFRANES, COPLAS Y ADIVINANZAS PARA NIÑOS
Tradición Oral Colombiana

CARMEN CECILIA DIAZ DE ALMEIDA

Portada: Judith Almeida. Primera Edición Impresa 1999, Colombia. Primera Edición Digital 2016, Estados Unidos. Derechos reservados de la autora. Copyright © 2017

CARMEN CECILIA DIAZ DE ALMEIDA

Carmen Cecilia Díaz de Almeida, autora y artista colombiana. Nacida en Piedecuesta (Santander). Ha publicado 32 libros de cultura, costumbres, sabiduría popular y folklore colombiano. Reconocida por la UNESCO y la Gobernación de Santander como "Patrimonio Cultural Viviente", por sus aportes e investigaciones con el objetivo principal de conservar y transmitir la tradición oral, sabiduría y folclor colombiano, despertando el sentimiento de identidad, continuidad y así promover el respeto a la diversidad cultural y creatividad humana.

Intelectual comprometida con la Docencia-Educación y la Investigación de la Tradición Oral y Cultura en la región de Piedecuesta, Santander. Asesora en Universidades, Conferencista y Radio-locutora.

Realizó estudios profesionales de Historia de Colombia en la Universidad Industrial de Santander UIS, de Filosofía y Letras en la Universidad de Santo Tomás de Aquino, de Español y de Literatura en la Universidad de Pamplona. Hizo sus estudios primarios y secundarios en el Colegio de La Presentación de Piedecuesta y en la Escuela Normal Superior de Bucaramanga, allí obtuvo el título de Maestra Superior. Está casada y tiene dos hijos.

TAMBIEN DE CARMEN CECILIA DIAZ DE ALMEIDA

Colección Tradición Oral Colombiana:

A calzón quitao (1992)

Los pregones de mi pueblo (1994)

El Trabalengüero (1997)

Cuentos de miedo (1998)

Cualquier parecido es mera coincidencia (1999)

Coplas, refranes y dichos para niños (1999)

Sabiduría Popular Colombiana:

Secretos caseros de nuestras abuelas (1990)

Recuerdos de mecedora (2008)

Colección Vivencias:

Los sentimientos no se compran en la tienda (2003)

Mensajes para fechas especiales (2004)

Sentir, asombrarse y vivir (2005)

Trocitos de paz (2005)

Las siete gracias de la felicidad (2010)

Colección Poemas:

A través de la luz (2002)

Libros publicados por la Editorial San Pablo:

Comunícate (1992)

Refranes y otras cosas de la ilustre Villa del Garrote (1995)

Secretos manuales para embellecer el hogar (2001)

Cuentos para niños de 1 a 100 años (2003)

Un mensaje para mí (2009)

No pierda el impulso (2009)

DEDICATORIA

A todos los niños

CONTENIDO

INTRODUCCION

"Refranes, coplas y adivinanzas para niños", presenta una recopilación obtenida directamente de personas, cuya experiencia diaria ha ido acuñando términos y decires llenos de gracejo, con el cual resaltan la tradición oral.

Todas las expresiones que se encuentran aquí, tienen el sello de la vivencia auténtica y de la sencillez, valores que se deben afianzar para engrandecer a la Patria.

Ojalá, todos los lectores profundizarán más en el conocimiento del folclor y en especial los niños, porque ellos serán los sembradores y de amor a la tierra que los vio nacer.

COPLAS

La copla muestra la espontaneidad de la gente, pero en especial del campesino.

La copla es una composición poética compuesta generalmente de cuatro versos y que se cantan con músicas populares.

Estas expresiones tienen sabor a alegría, a tristeza, a trabajo y sobre todo es un saber impregnado de amor y calidez.

Yo tenía mis amorcitos
envueltos en cascarón,
mi mama me los topó
pensando que eran jabón.

Yo no soy de por aquí
yo soy de Capitanejo,
no me creció más el coto
porque no alcanzó el pellejo.

Decís que no me querés
aunque nunca yo tampoco,
jabón es lo que me jalta
que mugre onde quiera topo.

No quiero querer a nadie
ni que me quieran a mí,
no quiero pasar trabajos
ni que los pasen por mí.

Esto dijo el armadillo
sacando sus arracachas,
agua caliente a las viejas
y besos a las muchachas.

Me pedís el corazón
me parece cosa dura,
cómo querés que por vos
incomplete mi asadura.

Las estrellas en el cielo
y la luna en un papel,
pensaba el escolorío
que yo me moría por él.

Anoche a la medianoche
y al primer canto del gallo,
por darle un beso a mi chata
se lo pegué fue a un caballo.

Tu chatica es muy bonita
bonita como la mía,
patirredonda y jullera
graciosa la porquería.

Santa Bárbara bendita
abogada de los truenos,
cuando la chicha se acaba
los cunchos también son buenos.

Del cuerito de una pulga
poniéndola en cuatro estacas,
salen cincuenta zurrones
y cien cargas de petacas.

Duérmete mi niño
que voy a aprontar,
la ropa e' tu taita
que va a madrugar.

En el alto de Pinchote
me quería pegar un ciote,
porque no le dí candela
para encender el chicote.

Una vez en una fiesta
me tiraron a matar,
por un marranito viejo
que llevaba entre el costal.

Yo tenía mis amorcitos
debajo de una botella,
mi mamá me los topó
pensando que eran los de ella.

Allá arriba en aquel alto
mataron un elefante,
y del buche le sacaron
el chofer y el ayudante.

Donde está aquel pajarito
que canta sobre el limón,
anda dile que no cante
que me parte el corazón.

Si quieres estar alegre
y tomar la vida en broma,
métase unos aguardientes
y coma hormiga culona.

No importa la cuna humilde
que dejamos al nacer,
no es caballero el que nace
sino el que lo sabe ser.

ADIVINANZAS

Es un acertijo o enigma que se propone como pasatiempo. El ingenio de las personas queda plasmado en las siguientes adivinanzas. (Las respuestas están a continuación de la ultima adivinanza).

1.
Ayer capullito, hoy gusanito, mañana volará como un pajarito.

2.
Tengo cabeza redonda sin nariz, ojos, ni frente, y mi cuerpo está formado tan sólo de blancos dientes.

3.

Me extraen del agua de mar o de las rocas, a las comidas doy sabor y del bocio evito formación.

4.

Por el caminito va caminando, no es gente. Adivínalo prudente.

5.

En el aire yo me muero, en el agua vivo bien, si yo pico en el anzuelo voy a dar a la sartén.

6.

Somos los lindos gemelos del mismo color vestimos, morimos todas las noches y al otro día vivimos.

7.

Alta y no es torre, es misa y no se oye.

8.

Uñas de gato, punta de tijera, blanca por dentro y verde por fuera.

9.

María Pinicho tuvo un muchacho, ni vivo ni muerto, ni hembra ni macho.

10.

¿Cuáles son los animales que son más altos sentados que parados?

11.

Tiene corona y no es rey, tiene ojos y no ve.

12.
Es toro y no enviste, es ají y no pica.

13.
Cuando chiquita vestida y cuando grande desnuda.

Respuestas
1. La mariposa

2. El ajo

3. La sal

4. La vaca

5. El pescado

6. Los ojos

7. Altamisa, planta

8. Mata de fique

9. El huevo

10. El perro y el gato

11. La piña

12. Toronjil

13. La guadua

TRABALENGUAS

Es una palabra o locución de difícil pronunciación que sirve para jugar. Con frecuencia los niños se entretienen con los trabalenguas que ellos inventan. A continuación algunos:

A Cuesta le cuesta
subir la cuesta,
y en medio de la cuesta
va y se acuesta.

A la totuma le dicen taza
a la linaza le dicen anís,
a lo colorado lo llaman verde
al desgraciado lo llaman feliz.

En el juncal de Junquería
juntaba juncos Julián.
Juntóse Juan a juntarlos
y juntos juntaron más.

Me has dicho
que has dicho un dicho,
un dicho que he dicho yo,
ese dicho que te han dicho
que yo he dicho
no lo he dicho
y si no lo hubiera dicho
estaría muy bien dicho,
estaría muy bien dicho
por haberlo dicho yo.

El gallo Pinto no pinta
el que pinta es el pintor;
que el gallo Pinto, las pinta
pinta por pinta, pinto.

Doña Panchívida
se cortó un dévido
con el cuchívido
del zapatévido.
Y su marívido
se puso brávido
porque el cuchívido
estaba afilávido.

No me mires que nos miran,
nos miran que nos miramos,
miremos que no nos miren
y cuando no nos miren
nos miraremos,

porque si nos miramos
descubrir pueden
que nos amamos.

Pablito clavó un clavito.
Un clavito clavó Pablito.
Pepe Peña
pela papa,
pica piña,
pita un pito,
pica piña,
pela papa,
Pepe Peña.

El que compra pocas capas
pocas capas paga,
yo compré pocas capas
pocas capas pagué.

Erre con erre cigarro
erre con erre barril,
rápido ruedan los carros
cargados de azúcar al ferrocarril.

REFRANES

El refrán es un dicho sentencioso por lo general más breve que el proverbio y que se apoya en evidencias populares.

Los refranes tienen su propia filosofía y ayudan a ver claro en el mundo, a través de sus contenidos. Ojalá los niños hablen con los abuelos, para aprender tanta tradición oral que ellos saben. Leamos algunos refranes:

Quien mucho menosprecia la vaca, ganas tiene de comprarla.

El que hecha pan al perro ajeno, pierde el pan y pierde el perro.

El que trabaja, no come paja.

Atenete que otro tenga, y pasa tu tiempo en balde.

Gato aullador, nunca buen cazador.

Amor rogado, amor despreciado.

Uno sabe dónde nace, pero no dónde se muere.

Dios los cría y ellos se juntan.

Mucho ayuda el que poco estorba.

A resentidos, no presten oídos.

Al que se las da de valiente, lo humillan pendéjamente.

Después de estirar la pata, ya nada vale la plata.

Pasada la tormenta, Santa Bárbara no cuenta.

Bueno es el cilantro, pero no tanto.

Cada alcalde manda su año.

Cosa mala, nunca muere.

Hierba mala, nunca muere.

Cada cual es dueño de su miedo.

En lágrimas de mujer y cojera de perro, no hay que creer.

El que menos corre, vuela.

Hijo de tigre sale pintao, hijo de tigre rabipelao.

Parientes y tiestos viejos pocos, pero lejos.

En pelea de comadres, se descubren las verdades.

Unas son de cal y otras son de arena.

Montar antes de ensillar.

De tal palo, tal astilla.

DICHOS

Dicho es una ocurrencia chistosa y oportuna. Los dichos tienen un toque propio que los caracteriza. Veamos algunos:

"Cerrao de cachos". Torpe, ignorante.

"De malas pulgas". Que tiene pésimo genio.

"Buscarle la comba al palo". Buscar solución a una dificultad.

"Tan creído y con lombrices". Se refiere a personas que hablan mucho y no cumplen.

"Qué volera". Qué disgusto.

"Qué flojera". ¡Qué pereza!

"Qué jartera". Hace alusión al aburrimiento.

"Se le corrió la teja". Perdió el sentido.

"Tan picao". Tan engreído.

"Pelar la muela". Enamorar.

"Es una nota". Persona muy especial.

"Se le abrió la capotera". Persona ambiciosa.

"Chupe, churupe". Alegrarse del mal de los demás.

"Se lo papió". Se burló de alguien.

"Tiró la toalla". Se cansó.

"Para la caña". Resistir con todas las fuerzas.

"Arroparse con la misma cobija". Encubrirse.

"Batir cacao". Molestar mucho.

"Cortar la cara". Afrentar, dar evasivas.

"Estiró la pata". Se murió.

"La paila gocha". El infierno.

"La costilla". La esposa, la señora.

"Acabó con el santo y la limosna". Se refiere a alguien que acabó con todo.

"Iba como alma que lleva el diablo". Dícese de la persona que iba muy rápido.

"Echao pa' delante". Que ningún obstáculo lo detiene.